ESSAI

SUR

SUR LA VIE ET LES TRAVAUX

DE

F.-R.-B. VATAR JOUANNET,

CORRESPONDANT

DE L'INSTITUT DE FRANCE, BIBLIOTHÉCAIRE DE LA VILLE
DE BORDEAUX, MEMBRE DE L'ACADÉMIE DES SCIENCES,
BELLES-LETTRES ET ARTS DE LA MÊME VILLE,
ET DE PLUSIEURS AUTRES SOCIÉTÉS SAVANTES
FRANÇAISES ET ÉTRANGÈRES;

PAR M. J. F. LAPOUYADE,

Président du Tribunal de première instance de La Réole, Membre correspondant de l'Académie de Bordeaux et d'autres Sociétés savantes.

A LA RÉOLE,

Imprimerie de Pasquier, place du Turon.

1848.

ESSAI

SUR

SUR LA VIE ET LES TRAVAUX

DE

F.-R.-B. VATAR JOUANNET,

CORRESPONDANT

DE L'INSTITUT DE FRANCE, BIBLIOTHÉCAIRE DE LA VILLE
DE BORDEAUX, MEMBRE DE L'ACADÉMIE DES SCIENCES,
BELLES-LETTRES ET ARTS DE LA MÊME VILLE,
ET DE PLUSIEURS AUTRES SOCIÉTÉS SAVANTES
FRANÇAISES ET ÉTRANGÈRES.

Non lucri cupidus, non ambitiosus honorum.

Les biographies publiées à toutes les époques prouvent que l'on a toujours été avide de connaître jusqu'aux moindres particularités de la vie des hommes célèbres par leurs actions, par leur savoir et par leurs vertus. Ce juste sentiment de curiosité peut s'appliquer à la mémoire de François Vatar Jouannet, de cet homme éminent par la profondeur et la variété de ses connaissances, auquel il ne manqua qu'une vie moins agitée par les événements de son époque pour conquérir un nom plus illustre encore. C'est oser beaucoup que d'entreprendre d'écrire sa vie et ses travaux, après ceux qui ont payé de si éclatants hommages à son souvenir (*) ; mais j'éprouve des sentiments qui ne doivent point s'effacer : l'admiration et la reconnaissance. Aussi je cède à l'attrait irrésistible d'entretenir mes lecteurs d'un homme déjà si bien apprécié comme savant et comme écrivain.

François-René-Bénit VATAR JOUANNET naquit à Rennes, le 31 décembre 1765. Son père, avocat en la cour, imprimeur du parlement, le fit élever avec le plus grand soin (**). Sa mère, Marie Le Saulnier du Vauhello, fille du grand sénéchal de ce nom, douée d'un esprit aussi élevé que bienveillant, donnait à son fils l'exemple d'une exquise politesse, qu'il pratiqua toute sa vie. Mme. Vatar cultiva toujours, avec une tendre sollicitude, les dons heureux que la nature avait répartis au cœur de son enfant : tous ceux qui l'ont connu savent qu'il joignait à des sentiments de bonté et de générosité parfaites une douce et spirituelle gaîté.

Si le jeune Jouannet fut entouré de soins intelligents et affectueux par celle dont il ne cessa de vénérer la mémoire, il trouvait aussi de grands avantages auprès de son père, qui dirigeait avec distinction une imprimerie située dans les dépendances du Palais du Parlement. Cet établissement était non seulement le rendez-vous des jurisconsultes et des magistrats, mais encore celui de l'élite littéraire de la société

(*) Voyez le discours de M. Valade Gabel, du 19 avril 1845 ; l'éloge prononcé par M. Gautier aîné, à la séance de l'Académie, le 4 décembre suivant ; le rapport de M. G. Brunet, lu à la même séance, et la notice publiée par M. L. de Lamothe.

(**) J'ai appris de tout, disait Jouannet, excepté l'équitation ; heureusement que j'avais de bonnes jambes.

bretonne. On comprend qu'un esprit tel que celui de Jouannet ne pouvait manquer de profiter d'entretiens aussi intéressants que variés. Ajoutons que les essais typographiques, auxquels il se livrait comme par délassement, que le goût qu'il apportait dans la disposition des textes, dans la correction rigoureuse des épreuves, l'habituèrent à cette pureté de style qui distingue ses nombreux travaux.

Pendant qu'il travaillait avec son père, des maîtres habiles le préparaient à des études sérieuses. Il fit ses humanités rapidement, avec distinction : à seize ans, il avait terminé sa philosophie (*).

Doué d'une ardeur, d'une facilité prodigieuses pour les travaux qui concourent à orner l'esprit et le cœur, Jouannet cultivait les beaux-arts : la peinture (**), la musique surtout captivèrent ses rares loisirs, et sa muse timide essayait déjà ses premiers accents. Son âme candide, pleine de sensibilité, conservait encore cette pureté de mœurs qui réserve à l'homme des jours si pleins de poésie et de bonheur.

M. Vatar désirant voir son fils entrer au barreau, commença par lui faire suivre les leçons de l'École de droit. Il les considérait comme un complément d'études propres à sonder un terrain aussi riche; mais ce père intelligent comprenait tout ce que renferme de funeste une volonté préconçue, quand il s'agit de l'avenir d'un jeune homme. Combien en est-il qui restent au-dessous de la position

---

(*) Les frères Duval, ses parents, furent ses condisciples. Alexandre, l'un d'eux, a laissé le recueil de ses œuvres sous le titre de *Théâtre d'Alexandre Duval.*

(**) Il avait fait son portrait en miniature. Plus tard, il ne voulut jamais consentir à se laisser peindre.

sociale imposée, qui auraient acquis de la gloire dans celle que la nature leur avait réservée!

Jouannet fit son droit à la faculté de Rennes, avec plusieurs amis, devenus illustres dans les lettres et dans les armes. Il fut reçu licencié le 19 août 1785.

A vingt ans, Jouannet allait tenter les luttes judiciaires, lorsqu'un événement cruel vint briser tous ses projets : son père mourut ; il perdit son meilleur ami.

Jouannet puisa des tempéraments à sa douleur près de sa mère, dans sa famille. Il visitait souvent un oncle, M. Le Saulnier du Vauhello, homme instruit, qui demeurait à peu de distance de Rennes. M. du Vauhello, entr'autres sciences, aimait passionnément la minéralogie. Les riches collections de son vaste cabinet, des entretiens aussi variés qu'instructifs inspirèrent dès-lors à Jouannet ce goût constant pour des études qui devaient lui offrir tant d'attraits. Son oncle se sentait heureux de répandre les trésors de son érudition sur un élève chez lequel la première étincelle avait suffi pour allumer le feu sacré. Pour de tels hommes, les impressions, même momentanées, sont vives et ineffaçables. Les orages de la vie peuvent les détourner de la route tracée ; mais quand les tempêtes se sont apaisées, ils la reprennent avec une nouvelle ardeur. Tel fut le sort de Jouannet ; mais n'anticipons pas sur l'avenir.

La licence en droit n'était, comme je l'ai dit, que le prélude de travaux plus sérieux. La profession d'avocat (*),

---

(*) Quelques mémoires de Jouannet, imprimés sans nom d'auteur, offrent des pages qu'un avocat de mérite ne désavouerait pas. Je me bornerai à citer l'exorde suivant :

« De tous les chagrins qui peuvent dans le cours de la

celle d'homme de lettres, d'artiste ou d'imprimeur se présentaient à Jouannet; mais il était trop timide pour affronter les luttes du barreau, trop imbu des principes d'une bonne littérature pour assouplir son esprit au langage de la procédure alors en usage. Il flottait entre la vie aventureuse d'artiste et celle non moins prérilleuse d'homme de lettres. Toutes ses pensées se tournaient vers Paris, comme vers le centre des

---

» vie navrer le cœur de l'homme, il n'en est point de plus
» amer que d'avoir à lutter contre la calomnie et de se voir,
» après une carrière longue, honorable et sans tache,
» attaqué dans son honneur de la manière la plus cruelle...
» Le public, toujours avide de bruits injurieux, accueille
» aussitôt toutes les inculpations, même les plus extrava-
» gantes; il les commente à son gré, les envenime et les
» exagère. De toutes parts, d'odieuses préventions se ré-
» pandent, s'augmentent en circulant, et prennent bientôt
» l'air de la persuasion. L'autorité, si souvent trompée,
» écoute la dénonciation parce qu'elle n'en pénètre pas les
» secrets motifs; elle déploie de la sévérité, parce qu'elle
» est quelquefois à se repentir de son indulgence. D'un au-
» tre côté, vos amis.... en reste-t-il au moment de l'orage?
» Vos amis effrayés, indécis, trompés peut-être eux-mêmes,
» détournent la tête et n'osent vous défendre. L'accusé reste
» seul avec sa conscience, heureux s'il conserve encore
» pour dernière consolation l'espoir qu'un jour la vérité
» pourra se faire entendre devant les tribunaux! Mais en
» attendant ce jour si désiré, et quelquefois si long-temps
» différé, chaque instant qui s'écoule entre le premier cri
» de la calomnie et l'arrêt du juge, est un instant d'inquié-
» tude, de souffrance et de douleur.... »

fumières. Il prit enfin une résolution : désormais il allait se consacrer à l'enseignement et aux hautes études. Son départ fut décidé.

Les larmes de sa mère, les regrets de ceux qui l'entouraient livraient un cruel combat dans ce cœur si bon, si aimant ; mais la science lui montrait son flambeau, elle semblait le prendre sous sa protection, lui préparer des triomphes : l'attrait était irrésistible ; il quitta Rennes, sa ville natale, avec le vain espoir du retour ; le destin lui réservait pour ses vieux jours une patrie adoptive, Bordeaux devait l'entourer de ses plus honorables sympathies.

Paris apparaissait à Jouannet comme placé dans une atmosphère privilégiée : « Dans les douces illusions de sa » jeunesse (*) il croyait au vrai mérite, à sa récompense ; » il pensait qu'une vie laborieuse suffisait alors pour ouvrir » la carrière. Quand il entra dans le monde, il était » timide comme on l'est à vingt ans ; ses discours peignaient » sa candeur et son ingénuité. La défiance n'avait point » encore approché de son cœur.... Les mots honneur et » sincérité étaient sur toutes les lèvres, il les croyait dans » tous les cœurs. »

« Age heureux, où sortant des mains de la nature, l'homme conserve encore sa bonté première, que tu passes rapidement ! que tes illusions sont douces ! qu'il est pénible de les voir s'évanouir ! Bientôt les méchants nous entourent, les passions nous assiègent, et le malheur nous frappe d'autant plus sûrement que nous étions moins préparés à ses coups. A trente ans le voile est déchiré (**). »

(*) Extrait d'un manuscrit de Jouannet.

(**) Il ne faut pas perdre de vue que ces lignes furent écrites il y a plus de quarante ans.

A l'époque où Jouannet entrait à Paris, les poètes, comme on le disait, cueillaient des bouquets à Chloris. Le genre pastoral envahissait les lettres et les arts. Dorat, Laharpe (*) et d'autres beaux esprits brillèrent dans l'*Almanach des Muses*, à côté de Fontanès, de l'abbé Delille, de François de Neufchâteau et de Lebrun.

Jouannet, dont les sentiments répondaient si bien à ceux de ces hommes d'élite, s'inspirait à leur école ; aussi la plupart de ses poésies semblent-elles rappeler celles qu'il prit pour modèles.

Fixé à Paris, Jouannet se vit dans la nécessité de se livrer à l'enseignement et plus tard à la typographie. Il avait monté une imprimerie et une librairie en société avec un de ses parents, M. René Vatar. Les moments que pouvaient lui laisser libres ses nombreuses occupations, il les employait à suivre les lesçons des grands maîtres, à moduler quelques vers et à esquisser quelques romans.

Le premier de ces ouvrages ne porte point de nom d'auteur (**) ; il n'en parlait que comme d'une bluette, d'un faible essai. Cependant, à la lecture, on reconnaît déjà les indices du talent. L'on remarque, à la fin du deuxième volume, une romance pleine de grace et de sensibilité. Elle fut mise en musique par Romagnési (***).

Un second roman, *V.... et L.....*, resté en porte-feuille

(*) V. parmi plusieurs poésies de ce genre, la romance : *O ma tendre musette*. (*Almanach des Muses*, année 1774, p. 23.)

(**) Z..., deux vol. in-12°.; Paris, imprimerie de Vatar Jouannet.

(***) *Entends ma voix plaintive*, etc.

et retouché en partie, présente un tableau de mœurs assez piquant de la fin du dix-huitième siècle(*).

Jouannet prit part à la composition de deux pièces de théâtre. L'une n'eut qu'une représentation dont le résultat, peut-être sévère, le dégoûta de travailler pour la scène. Son collaborateur, plus persévérant, devint un des auteurs dramatiques les plus distingués de notre siècle.

Dans la suite, Jouannet cédant à la sollicitation de quelques amis, fournit sa bonne part d'un des plus jolis opéras-comiques du théâtre Feydeau. Il y mit pour condition expresse que quelle que fût la décision du public, son nom

---

Une autre romance, *la Rose effeuillée*, fut aussi mise en musique.

(*) Parmi plusieurs pages, on remarque celle où V..., assistant à une séance des jeux publics, porte son attention sur une jeune femme qu'un époux dépravé, joueur aussi superstitieux que cruel, forçait à venir prendre part aux caprices de la fortune.

« Il aperçut (V....), assise au tapis vert, une jeune femme dont l'accent donnait à connaître qu'elle était étrangère. Son air modeste le frappa d'autant plus vivement qu'il était sans exemple, dans les annales du jeu, qu'une femme au maintien décent s'y fût présentée. La physionomie des joueurs qui l'entouraient rendait aussi la beauté de ses traits plus frappante. Elle perdait, mais elle était calme; elle ressemblait à un ange tombé au milieu des furies. Ses grands yeux noirs, modestement baissés, la rougeur de la honte qui colorait ses joues et montrait qu'elle n'était pas familiarisée avec le spectacle du jeu; le malheur obstiné dont elle était poursuivie, tout en elle excitait de l'intérêt et du

resterait ignoré. Le succès fut complet ; mais insuffisant pour effacer l'impression de l'échec qu'il avait éprouvé (*).

Notre jeune écrivain se livrait ainsi à des travaux littéraires et typographiques, quand éclata la révolution de 1789. Imbu des principes de notre régénération sociale et politique, Jouannet s'associa à une publication destinée à les propager ; mais, dans la suite, plusieurs articles du *Journal des Hommes libres*, imprimé dans son établissement, sous la direction de son ami René Vatar (**), éveillèrent les susceptibilités du Gouvernement Consulaire. « Les rédacteurs ayant eu l'imprudence, dans leur journal, de railler le Premier Consul, l'allégorie, quoique présentée sous une forme orientale, n'en fut pas moins à son adresse (***). »

---

regret de la voir en ces lieux. V... gémissait intérieurement, fesait des vœux pour que le sort devînt moins défavorable à l'inconnue. Cependant elle avait tout perdu ; il ne lui restait plus qu'un écu, qu'elle tournait entre ses doigts, incertaine encore sur la manière dont elle allait le hasarder. Enfin elle le plaça sur le numéro trente-six. La canette achevait sa révolution : l'inconnue déplaça son écu et le porta sur le numéro trente-cinq. Bizarre et déplorable caprice de la fortune ! trente-six sortit .. V... soupira involontairement ; le tailleur et les croupiers se regardèrent avec un sourire perfide. La jeune personne se mordit les lèvres ; elle s'éloigna sans donner d'autre signe de mécontentement. »

(*) Pour me conformer aux désirs de Jouannet, je ne révélerai point les titres de ces deux pièces de théâtre.

(**) V. une lettre de M. René Vatar, écrite de l'île d'Oleron, le 16 pluviôse an XII.

(***) V. *La Guienne* du 24 avril 1845.

René Vatar, mis en surveillance spéciale, s'empressa de quitter Paris. Dès le lendemain, par ordre de la police, l'imprimerie fut assaillie et les presses furent brisées (*). Cet événement, des tracasseries, l'abandon, le dédain d'amis sur lesquels il croyait pouvoir compter, apportèrent le trouble et le découragement dans l'esprit de Jouannet, naturellement si bon et si inoffensif. Menacé de partager le sort de René Vatar, qui venait d'être arrêté, la similitude de leur nom le porta non à en changer, comme on l'a cru longtemps, mais à ne prendre à l'avenir que celui de Jouannet (**). Il signait auparavant Vatar Jouannet. Le séjour de Paris lui étant devenu insupportable, il abandonna tout et vint à Bordeaux puiser des consolations auprès de la famille Mazois (***).

Il avait trop d'élévation dans les sentiments pour se laisser absorber par ses chagrins. Son vrai savoir et sa haute philosophie lui offraient d'inépuisables ressources. Celui qui avait dirigé une imprimerie dans la capitale n'aurait pas rougi de devenir simple ouvrier, s'il l'eût fallu (****), aussi entra-t-

(*) V. le *Courrier de la Dordogne* et la *Guienne* du mois d'avril 1845.

(**) Dans son acte de naissance, il est inscrit *fils de Maître Pierre Vatar de Jouannet*, dont la signature porte ces mots : de Jouannet Vatar père.

(***) M. Mazois avait épousé la sœur de Jouannet. François Mazois, leur fils, est l'auteur de l'important ouvrage des *Ruines de Pompéi*.

(****) Il s'honorait, comme l'illustre Franklin, d'avoir travaillé dans les imprimeries. Ce dernier, on le sait, un jour qu'il traversait l'imprimerie d'Ambroise Didot, prit des

il comme compositeur dans une imprimerie de Bordeaux (*). Son existence se trouvait assurée, et quoique bien modeste, elle lui permettait d'envoyer quelques secours au malheureux proscrit René Vatar (**).

Le calme et la sérénité s'étant peu à peu rétablis dans l'esprit de Jouannet, ses goûts allaient se trouver stimulés par des découvertes d'antiquités gallo-romaines, faites à l'ancien cimetière de Terre-Nègre. A cette époque (1803), le jeune architecte Mazois, son neveu, étudiait avec ardeur ces intéressantes découvertes. Ils réunirent leur zèle et leurs lumières et rédigèrent quelques notices fort remarquables.

Le modeste appartement du compositeur d'imprimerie recéla bientôt les premiers éléments du beau cabinet d'antiquités qu'il légua plus tard à la ville de Bordeaux (***). Satisfait de sa position, il espérait se fixer dans cette cité, lorsqu'une circonstance inattendue amena de nouvelles incertitudes dans cette vie déjà si agitée. M. Dupont avait établi à Périgueux une imprimerie qui rivalisait avec celles de la capitale. Il désirait s'adjoindre un homme qui pût le

---

mains d'un des ouvriers les balles dont on se servait alors pour imprimer, puis leur montra qu'il n'était pas moins habile ouvrier qu'eux-mêmes. (Voir le *Journal des Débats* du 7 octobre 1847.)

(*) Voir l'*Écho de Vésone* du 25 avril 1845.

(**) M. René Vatar fut déporté à l'île d'Oleron, puis embarqué pour Cayenne, sur la frégate la *Cybèle*, le 10 ventôse an XI.

(***) L'*Indicateur* du 20 février 1846 fait connaître la nature des objets précieux dont Bordeaux est redevable à la générosité de son ancien bibliothécaire.

seconder dans l'accomplissement d'une œuvre si importante pour le département de la Dordogne. Animé de ces intentions, M. Dupont vint à Bordeaux, se mit en rapport avec Jouannet qui consentit à être prote, et partit pour Périgueux dans le courant de l'an XI.

Il se réserva, en quittant Bordeaux, d'y revenir chaque année pour continuer ses recherches historiques, et entretenir des rapports commencés sous les plus heureux aupices avec les sociétés savantes : sous ce point de vue, ses vœux furent exaucés.

Malgré sa modestie, Jouannet fut bientôt apprécié par les hommes instruits qui habitaient Périgueux. Il se lia d'amitié avec plusieurs, notamment avec le savant auteur des *Antiquités de Vésone ;* reprit avec ardeur ses études archéologiques, se livra à la recherche des antiquités du Périgord, et revint à la minéralogie.

Comme par délassement, Jouannet avait traduit les *Pensées morales,* de Sénèque. Il se décida à les imprimer chez M. Dupont. Il se livra lui-même à la composition typographique de son livre, qui parut sans nom d'auteur. L'exactitude et l'élégance de la traduction, la pureté du style, les notes pleines d'érudition et d'intérêt qui enrichissent ce volume font regretter que cet ouvrage ne soit pas plus répandu.

En 1807, la Société des Sciences et Arts de Bordeaux avait mis au concours l'éloge de M. de Tourny, ancien intendant de la Guyenne. Dans sa séance publique du 2 septembre 1808, elle couronna le discours que Jouannet lui avait adressé (*).

(*) Imprimé à Périgueux, chez M. Dupont, en 1809, un volume in-8o., avec portrait, gravé par M. Lacour.

En recevant, au milieu des salves d'applaudissements, la médaille si bien méritée, il ressentit, ainsi qu'il se plaisait à le répéter dans ses conversations intimes, une joie réelle et profonde. C'était pour lui une des plus belles, des plus honorables récompenses qu'il pût ambitionner.

Après ce triomphe littéraire, il continuait à Périgueux à se livrer à ses occupations typographiques, sans songer à une carrière plus avantageuse, lorsqu'un événement bien simple vint traverser cette paisible existence, le révéler aux hommes capables de l'apprécier et doter la jeunesse studieuse d'un professeur du plus grand mérite : c'était un jour de distribution des prix (*) au pensionnat de Périgueux. Jouannet se rendit à cette solennité. Confondu dans la foule, il ne fut l'objet d'aucune prévenance, d'aucune attention. Les élèves de rhétorique et de philosophie devaient faire les honneurs de la séance. Déjà plusieurs avaient donné des preuves de la force des études, lorsqu'un inconnu, pâle, ému, debout et adossé à une colonne ** (c'était Jouannet), se décida à interroger l'élève Selves, de Sarlat. Il s'établit entr'eux un dialogue semé de réflexions si gracieuses, si piquantes et si

(*) Vers la fin d'août 1807.

(**) Jouannet était d'une taille au-dessus de la moyenne ; sa mise rappelait celle des premiers jours du consulat. Presque toujours vêtu de bleu, il cachait une partie de son menton sous une large cravatte blanche. Sa tête, devenue chauve, annonçait, par son développement, une vaste conception ; ses grands yeux, fatigués par les veilles et le travail, révélaient un homme habitué à l'étude et à la méditation ; ses lèvres minces indiquaient chez lui de la finesse et de l'à-propos.

profondes que le jeune élève et son examinateur captivèrent l'attention au plus haut degré.

Le professeur d'humanités, M. Thoulouzet (*), qui les avait écoutés avec la plus grande perspicacité, alla, aussitôt après la séance, se jeter dans les bras de Jouannet. « Vous êtes destiné, lui dit-il, à de grandes choses ; entrez dans l'instruction publique. En attendant qu'une carrière plus digne de vous se présente (**), acceptez la place de professeur de troisième, vacante en ce moment. »

Jouannet fit des difficultés. Sa modestie lui faisait craindre de ne pas se trouver à la hauteur des fonctions dont on voulait l'investir. Vaincu par les pressantes sollicitations de tout ce que Périgueux renfermait d'hommes instruits et éclairés, il se décida.

Quelques jours après son entrée au pensionnat (***), il lui arriva, pendant la classe, de se trouver embarrassé pour traduire un passage de Virgile. Tout à coup il ferma le livre et dit à ses élèves : « Mes bons amis, j'ai eu la témérité d'entreprendre une chose au-dessus de mes forces, je me retire avec le regret de vous avoir fait perdre votre temps (****). » Il se rendit chez le principal pour donner sa démission, et il revint à sa casse de compositeur qu'il n'avait pas d'ailleurs complètement abandonnée. Vaincu de nouveau par les pressantes sollicitations de ses amis, il rentra au pensionnat. Travaillant nuit et jour, il put bientôt se con-

---

(*) M. Thoulouzet avait déjà fait la connaissance de Jouannet chez M. Dupont.

(**) Cela se passait avant la réorganisation de l'Université.

(***) Dans le courant de 1808.

(****) Voir le journal l'*Union*, du 27 avril 1845.

vaincre de sa haute capacité, et il se voua définitivement à l'instruction publique (*). Dans la même année, 1808, il devint professeur de seconde, puis remplaça M. Thoulouzet, qui était appelé à Clermont. Au bout d'un an, sa réputation d'homme supérieur était à jamais établie.

Son activité lui permettait tout à la fois de professer la rhétorique et la philosophie, de continuer son concours à M. Dupont, de s'occuper de recherches archéologiques et d'adresser des mémoires aux sociétés savantes (**).

Comme professeur de belles-lettres, Jouannet s'est peint lui-même, des couleurs les plus vraies, dans l'un de ses plus beaux discours académiques. Il trace ainsi le portrait du véritable professeur en parlant d'Elie Vinet.

« Est-il une profession plus estimable, je devrais peut-être dire plus honorable? Est-il un ministère plus important, plus difficile que celui de former le cœur, d'orner l'esprit, de sanctifier les mœurs d'une jeunesse sur qui reposent l'espoir de l'état et l'honneur des familles?

» Posséder parfaitement sa langue et les langues anciennes; connaître l'histoire, la fable, les mœurs des peuple anciens et modernes; avoir quelques notions des arts, assez du moins pour ne rien laisser à désirer dans l'interprétation des auteurs; joindre à la plus grande justesse d'esprit un goût assez sûr pour juger des beautés et une âme assez forte pour pénétrer les pensées profondes : voilà ce qu'on exige d'un professeur dans la chaire qu'occupait Vinet. Mais cela même ne

(*) Sous la direction de l'abbé Loqueyssie.

(**) Une de ses notices sur les antiquités du Périgord valut à Jouannet, de la part de l'Académie de Bordeaux, le premier accessit à la médaille d'or.

suffit pas. Il faut encore qu'il ait un talent plus rare qu'on ne pense : celui de communiquer aux autres ce qu'il sait lui-même. Sa science n'est pas seulement sa propriété ; il doit la partager avec ses disciples ; il doit même savoir les contraindre à ce partage ; aussi veut-on trouver en lui une élocution claire, facile, gracieuse, qui captive ses jeunes auditeurs ; une sagacité que l'amour-propre de l'élève ne puisse tromper et qui découvre au premier coup-d'œil si le maître a été bien saisi ; une facilité merveilleuse à présenter sous un nouveau jour ce qui n'aurait pas d'abord été bien entendu. On veut de plus que la douceur de son caractère fasse naître la confiance et l'affection ; que sa gravité naturelle force au respect sans avoir l'air de le commander ; que sa sévérité soit tempérée d'indulgence, et qu'assez sensible pour s'animer à la simple lecture d'un beau vers, d'une pensée vive ou touchante, il ait cependant une patience inaltérable, et que le reproche ne paraisse jamais être chez lui l'effet d'un bouillon de colère, mais seulement échapper à regret à sa justice.

» Qu'un tel assemblage de qualités est rare ; mais il est peut-être plus rare encore, même en le possédant, de gouverner avec succès un auditoire si léger, composé de tant de caractères et d'esprits divers. Les enfants, ne nous y trompons pas, sont déjà des hommes ; le cercle des idées est moins étendu : celui des passions est le même. Or, comment seconder l'ardeur sans abandonner l'indolence à elle-même ? comment couronner les vainqueurs sans décourager les vaincus ? applaudir au talent sans faire naître l'orgueil et contraindre l'ignorance à rougir, sans cependant lui ôter l'espoir ? Enfin comment entretenir une constante harmonie dans un tout composé d'éléments presque contraires, et conduire vers le même but non seulement ceux qui brûlent de l'atteindre, mais ceux mêmes qui ne le contemplent qu'avec indifférence ou dégoût? »

Les cahiers de dictées de Jouannet, modèles de savoir et de goût, sont encore dans les mains de plusieurs de ses élèves. Il est à regretter qu'ils n'aient pas été imprimés.

Il savait acquérir l'amour, l'admiration (l'expression est vraie) de ses élèves et des professeurs ses collègues. Sa supériorité évidente, son aménité réelle faisaient qu'il n'avait point de jaloux.

La place de Principal étant vacante en 1813, les vœux unanimes des pères de famille et de l'autorité locale se portèrent sur lui. On l'appela provisoirement à ce poste important. Il avait pris ses dispositions pour la rentrée des classes, lorsque le choix de l'Université se porta sur un fonctionnaire placé à la tête d'un autre tablissement (*). Jouannet, habitué aux revers de la fortune, ne parut point affecté de cette préférence, et le nouveau Principal, loin de rencontrer en lui un concurrent froissé, trouva un utile collaborateur et plus tard un ami dévoué.

La Société Polymatique de Bordeaux ayant mis au concours l'éloge du cardinal de Sourdis, celui qui fut envoyé par notre savant professeur fut couronné dans la séance publique du 14 septembre 1813 (**).

(*) Jouannet fut signalé à l'Université comme un athée qui avait changé de nom. Averti, mais trop tard, il adressa des déclarations contraires, écrites et signées par les dénonciateurs eux-mêmes. Était-il donc athée celui qui traçait ces mots en exprimant ses dernières volontés : « Je meurs dans la religion de mes pères, avec le profond regret de ne l'avoir pas toujours exactement pratiquée, etc. »

(**) Ce discours fut imprimé à Périgueux, en 1813, chez

Vers la fin de la même année, une nouvelle carrière semblait s'offrir à Jouannet. Un instant il eut l'espoir d'aller rejoindre à Naples son jeune ami Mazois. Depuis quatre ans, ils entretenaient une correspondance pleine d'intéressantes communications. Mazois travaillait aux ouvrages qui lui ont acquis une réputation méritée ; mais il manquait à sa félicité d'artiste un tel collaborateur. Par les soins de Mazois, l'un des hauts fonctionnaires du gouvernement napolitain lui avait fait offrir une place de secrétaire particulier. Cet emploi souriait à Jouannet, alors âgé de quarante-huit ans, et dont l'esprit était dans toute sa vigueur. Combien de recherches savantes, combien de belles pages ont été perdues pour la science ; car il n'est pas douteux qu'il n'eût décrit d'une manière remarquable les ruines si éloquentes d'Herculanum, de Pompéï et d'autres cités que son séjour à Naples lui aurait permis de visiter.

En se rendant à Naples, il allait enfin contempler la ville

M. Dupont. L'on y remarque un portrait dessiné par Dagoty, d'après le buste du cardinal, placé dans le porche de l'église de la chartreuse, à Bordeaux. Ce portrait fut gravé à l'eau forte par E. Langlois, célèbre graveur du Pont-de-l'Arche.

A l'occasion de l'envoi de cet ouvrage, Jouannet reçut la lettre suivante, datée du 30 décembre 1814.

« Monsieur,

» Je viens de faire la lecture de votre éloge du cardinal de Sourdis. Veuillez agréer à la fois tous mes regrets de n'avoir pu m'en occuper plus tôt et tous mes remercîments pour l'envoi de cet estimable ouvrage.

» Recevez, etc.

FONTANES.

éternelle, Rome, l'objet de ses méditations ; Rome si pleine de souvenirs historiques, si attrayante par ses nombreux monuments.

Jouannet se disposait à partir pour l'Italie, lorsque les événements politiques de 1814 vinrent briser tous ses projets ; il dut y renoncer pour toujours.

Une lettre de Mazois, du 16 octobre 1809, donne une notion très intéressante de la correspondance de ces deux amis (*).

(*) « C'est de Pompéï que je t'adresse ces ligues écrites à la lueur d'une faible lampe, dans une petite chambre du camp des soldats..... Tu ne veux pas faire de livre sur Pompéï ? aussi, au lieu de t'envoyer des notes, je vais tâcher d'esquisser rapidement quelques traits de ce singulier tableau, et de faire passer jusqu'à toi ce qu'il a de curieux, d'intéressant, d'instructif.

» Si Chateaubriant avait à s'entretenir de ces lieux, les noms de Sodome et de Gomorre s'offriraient sur le champ à sa mémoire, en se rappelant ces torrents de feu qui les dévorèrent... Ces cendres, sous lesquelles la ville est ensevelie, se sont recouvertes de verdure, de fleurs, d'arbres, de pampres verts et de riches moissons. Les monuments mêmes, décorés de peintures gracieuses et de marbre, semblent, malgré leur antiquité, briller encore de toute la fraîcheur de la jeunesse. On a de la peine à croire que l'on marche sur des ruines ; on croirait plutôt parcourir une ville naissante, où rien n'est achevé. Pour la première fois, la destruction se présente sous des couleurs aimables, dépouillée de tout ce qu'elle a de lugubre et d'affreux.

» Figures-toi ce que doit éprouver un ami des arts qui,

Depuis 1813, Jouannet avait commencé la publication de ses articles de Statistique sur le département de la Dordogne ; il eut l'heureuse idée de les faire paraître successivement dans les annuaires édités par M. Dupont.

---

la tête pleine de tous les grands hommes de l'antiquité, rétrograde de mille sept cent trente années et arrive sous le règne de Titus, dans une colonie grecque, où tout, à l'exception des habitants, s'est conservé aux mêmes lieux et presque dans le même état. Les palais, les théâtres, les monuments de toute espèce, les rues enfin, dégagées de la cendre qui les couvrait, s'offrent à vous dans tout leur ensemble, et l'on parcourt à la clarté du soleil cette ville qui en fut privée durant tant de siècles. Oh! combien de fois t'ai-je désiré près de moi! Je te servirais de guide; comme moi tu passerais par tous les degrés qui mènent de la surprise à l'enthousiasme. Je te dirais : Voici le camp des soldats; ces cellules sont celles qu'ils occupaient; voici les habitations de leurs officiers. Cet escalier découvert conduit à une longue colonnade auprès de laquelle est le plus ancien temple de la ville. Par ce vestibule ionique, on entre dans l'Odéon, le seul monument de ce genre qui nous reste. Ce théâtre, revêtu de marbre qui lui est contigu, rassemblait les habitants de cette cité quand Plaute et Térence leur offraient les chefs-d'œuvre de la scène comique, ou lorsque Phèdre, Oreste, OEdipe venaient réciter les vers de Sophocle et d'Euripide. Par ces degrés, nous allons descendre au temple d'Isis; petite enceinte, petit temple; point de pureté dans le style; mais beaucoup de grace, beaucoup de charme et je ne sais quoi de mystérieux qui porte au recueillement. En sortant du temple, nous nous arrêterions au

En 1815, le personnel des fonctionnaires du collége de Périgueux étant renouvelé, Jouannet fut appelé au collége de Sarlat, où le suivirent plusieurs élèves. Il lui fallait quitter

---

gymnase, et de là nous passerions au Forum. Nous cesserions alors pour un moment de parcourir la ville qui, ici, se cache sous ses antiques cendres pour reparaître plus loin avec encore plus d'intérêt. En attendant, je te ferais remarquer cette plaine qui s'étend au-dessous de nous, et sur laquelle les vaisseaux sillonnaient jadis les flots. Cette branche des Apennins qui va finir au cap de Minerve, en formant un golfe dont les sites sont de la plus grande beauté et au milieu desquels l'antique écueil d'Hercule s'élève entouré de rochers, de brisants et d'écume. Bientôt nous nous trouverions à l'un des carrefours de la cité. Une fontaine publique serait la première chose qui s'offrirait à nous ; elle distribuait de l'eau aux maisons particulières, servait à désaltérer le voyageur, car cette rue était celle par où arrivaient les habitants des villes voisines, situées à l'opposite du Vésuve. Les trottoirs usés par les piétons, les roues des chars empreintes sur le pavé indiquent qu'elle fut passante ; et la richesse des habitations qui la bordent des deux côtés annonce que ce fut un des principaux quartiers de la ville. Des boutiques de toute espèce, une foule de maisons simples, mais du goût le plus aimable ; des palais peu vastes, mais décorés de peintures charmantes, de beaux marbres, de stucs éclatants, de mosaïques précieuses, distribués d'une manière commode et curieuse, en ce que ces distributions servent à la connaissance des mœurs antiques : voilà ce qui nous occuperait jusqu'à la porte de la ville. Elle est simple, sans ornement, et offre trois entrées, deux pour les gens de pied et celle du

une ville où il laissait de vrais amis, une ville dont le sol si riche en monuments de tous les âges lui avait fourni d'abondants matériaux pour ses premiers travaux de statistique.

---

milieu pour les chevaux et les chars. Le corps-de-garde avancé, les murs de la double clôture de cette entrée nous occuperaient quelques instants. Nous nous reposerions sur ces bancs circulaires, élevés par la piété auprès de ces monuments funèbres, et le tombeau de la prêtresse MAMIA serait pour nous un objet d'observations et de réflexions intéressantes. Je t'amènerais dans les champs et je te ferais voir une maison de campagne antique avec toutes ses dépendances. Nous passerions d'abord sur une maison de plaisance qu'on croit être celle de *Cicéron*, parce que ce grand homme voyait, de son portique, trois villes : Herculanum, Pompéï et Stabia, circonstances qui conviennent parfaitement à ce site. Un peu plus loin, nous trouverions une habitation charmante, où tout ce qu'on peut désirer d'aimable et d'utile se trouve réuni. Je t'en ferais volontiers parcourir tous les détails, et tu en rapporterais une juste idée de ces *villas* que les anciens Romains possédaient hors de Rome, et où ils venaient, fatigués d'avoir joui de tout, se recueillir dans la solitude et jouir enfin d'eux-mêmes. Mais une scène terrible et touchante, arrivée dans ces lieux, doit nous occuper en ce moment plus que toute autre chose, parce que ce qui ne parle qu'aux yeux est bien moins important que ce qui parle au cœur. Le possesseur de cette habitation avait déjà perdu deux fils ; il leur avait élevé un tombeau modeste sur la voie publique, à l'entrée de sa demeure. Une inscription, pleine de sentiment, annonçait la douleur qu'il ressentait de leur perte ; sur le marbre étaient gravés ces mots : *A eux et à*

Dès les premiers temps de son arrivée dans le Périgord, tantôt le marteau à la main, il parcourait les campagnes recueillant de précieux échantillons de minéralogie qu'il

---

moi-même. C'est ainsi qu'il vivait entre le tombeau et ses fils morts et les caresses de ceux qui lui restaient, lorsque tout à coup, du haut de la montagne voisine, s'élèvent des tourbillons de fumée; du sein de la terre, une immense colonne de feu va frapper le ciel, retombe en pluie de cendre brûlante et obscurcit la clarté du jour. On ne peut plus marcher qu'à la lueur des éclairs et du souffre enflammé.... Où fuir ?... Un esclave veut s'échapper par le jardin dont il a saisi la clé : le malheureux trouve la mort en cherchant son salut. La retraite est désormais impossible. Le père entraîne sa famille dans les souterrains du palais ; il s'empare de sa bourse ; sa fille, de ses plus beaux ornements ; les esclaves y apportent des provisions... Ils descendent vivants dans leur tombeau.... Les positions dans lesquelles on a trouvé les squelettes de dix-sept de ces infortunés annoncent qu'ils sont morts dans l'abattement du plus profond désespoir. La fille était presque nue. La cendre qui l'ensevelit, en montrant les formes de son corps, nous a conservé l'empreinte d'une femme jeune et de la plus gracieuse beauté.

» Si j'eusse reçu du ciel le talent d'écrire, de quels traits ne peindrais-je pas ce que j'éprouve ici, lorsque, dans l'obscurité, j'erre dans les rues, dans les places, au milieu des édifices sans nombre de cette ville abandonnée, seul, à la lueur du volcan !

» Pendant que j'achève ces lignes, la tempête la plus effroyable m'environne ; au-dessus de ma tête, la montagne,

signalait aux sociétés savantes, notamment à celles de Bordeaux ; tantôt portant ses investigations au milieu des ruines de l'antique cité de Vésone, il ramassait des médailles, des débris de poteries (*), d'armures, de mosaïques, il n'était pas jusqu'à ces grandes tuiles parementées, à ces moulins à bras, si communs sous l'ère gallo-romaine, que Jouannet n'entassât dans l'unique chambre qu'il habitait. Là, au milieu de ses livres, de ses collections répandues sur ses rayons de bibliothèque, sur son bureau, sur sa cheminée et sous son lit, il se livrait nuit et jour à ses travaux littéraires. Un violon sans cordes, une boîte à couleurs desséchées, relégués dans un coin de l'appartement, lui rappelaient d'aimables

---

couronnée de nuages enflammés, laisse échapper de son sein un long flot de feu qui me présente une juste image de l'événement affreux dont je vois les effets autour de moi. »

Une médaille gravée par Barre, et du diamètre de quarante-huit millimètres, présente la tête nue de François Mazois avec le légende : *F. Mazois, officier de la Légion-d'Honneur, né à Lorient en 1783, mort en 1826*. On lit au revers, autour d'une couronne d'olivier : *L'Académie des Sciences, Belles-Lettres et Arts de Bordeaux à F. Mazois, l'un de ses membres*. Au centre : *Ruines de Pompéï. — Palais de Scaurus. — Pæstum*, etc. Exergue : *1828*.

(*) En 1814, Jouannet se trouvant un jour à sa fenêtre, fut distrait de ses méditations par un groupe d'individus qui, les regards dirigés vers des vases antiques placés sur sa bibliothèque, se demandaient à haute voix si c'étaient bien des pots qu'ils apercevaient *là-haut*. Oui, Messieurs, dit Jouannet avec sa gaîté ordinaire, il y a *là-haut* des pots et des cruches en bas.

souvenirs. Des vases de fleurs, car il aimait beaucoup les fleurs, surtout les roses (*), ornaient ce petit musée. Il fallait cependant à cet homme laborieux quelques délassements dignes de ses goûts ; aussi ne recherchait-il point habituellement ce qu'on est convenu d'appeler le monde. On le rencontrait un livre à la main, parcourant les rives si pittoresques de la paisible rivière de l'Isle, muni d'un carnet et d'un crayon ; il rapportait parfois des croquis toujours corrects, toujours bien sentis.

Il allait partir pour le Sarladais, pénétrer plus avant dans un pays alors isolé des grandes voies de communication. Tout autre en eût été plus affecté ; mais lui, quels que fussent ses regrets, il prévoyait que, cultivant la science pour la science, tous les pays lui offriraient de réelles jouissances ; aussi à peine était-il installé à Sarlat qu'il s'y trouvait acclimaté (**).

(*) Voir sa traduction de l'idylle d'Ausone : *Ver erat et blando*, etc.

(**) Dans une de ses statistiques, Jouannet décrivait ainsi l'aspect général du Sarladais :

« Le département de la Dordogne n'a point d'arrondissement plus agreste que celui de Sarlat ; nul autre ne présente plus de contrastes. Le sol change d'aspect à chaque pas ; tantôt vous vous croiriez transporté dans un affreux désert, rien ne s'offre à vos regards que des sables arides, des rocs, des bruyères et de tristes genevriers. Tantôt vous vous trouvez entouré de riantes campagnes, de frais ombrages, et tout vous retrace les douces images de l'abondance et du bonheur. Ici vous découvrez, comme les débris d'un monde retombé dans le cahos, des coteaux décharnés, des pics déchirés par

Il faisait de nombreuses et intéressantes découvertes. Des objets de géologie, de minéralogie étaient expédiés aux sociétés savantes. Il leur signalait un acqueduc, des mosaïques, des débris gallo-romains de tout genre ; il explorait le sol antique d'Olivoux (*). Bientôt la chambre du professeur de Sarlat offrit, comme celle qu'il avait habitée à Périgueux, un musée local.

Les progrès des élèves étendaient la prospérité du collége de Sarlat. Le professeur d'humanités, tout en leur consacrant la plus grande partie de son temps, prenait sur ses veilles celui qui était nécessaire pour composer un discours dont le succès devait être pour lui un nouveau triomphe. Le 21 décembre 1815, l'Académie de Bordeaux couronnait encore Jouannet en lui décernant la médaille promise au meilleur éloge d'Élie Vinet. Les fonctionnaires et les élèves du collége de Sarlat, mus par un sentiment qu'on ne

---

les orages, des rochers dispersés ou amoncelés au hasard, sur lesquels rien ne végette que la mousse et les lichens : là, ce sont des forêts d'ycuses, de chênes toujours verts ou de châtaigners dont les têtes arrondies, vues de loin dans la belle saison, vous rappellent ces bois d'orangers qui, en d'autres pays, ombragent des campagnes plus heureuses. Si vous descendez dans les creux vallons du Sarladais, à peine l'horizon resserré s'étend-il à quelques toises devant vous ; mais si vous avez le courage de gravir ces coteaux escarpés qui bornent votre vue, souvent vous découvrirez en même temps et les neiges du Cantal et les montagnes azurées du Limousin .» (*Annuaire du département de la Dordogne*, année 1817, p. 138.)

(*) Près de Montignac, arrondissement de Sarlat.

saurait trop louer, célébrèrent par une fête de famille cette victoire académique.

Pendant que Jouannet professait à Sarlat, il partageait le temps des vacances entre Périgueux et Bordeaux. La chaire de rhétorique du collége de cette ville ayant perdu son titulaire, Jouannet, qui soupirait après un séjour pour lui si plein d'attraits, encouragé d'ailleurs par tous ceux qui savaient l'apprécier, se mit sur les rangs ; mais l'Université donna encore la préférence à un autre candidat. Jouannet en fut affligé, non par suite d'une ambition déçue, mais par la conviction qu'on ne lui avait pas rendu la justice à laquelle il croyait avoir droit. « Dans le premier moment, disait-il, j'ai supporté ma disgrace avec moins de philosophie qu'il ne convenait : dix ans de travaux pénibles, l'estime de tous ceux qui m'ont connu, les élèves que j'ai faits et qui m'honorent en s'honorant eux-mêmes dans la carrière qu'ils ont embrassée, mes succès littéraires, s'il m'est permis d'en parler ; tant de droits, je les nommais ainsi, tant de titres du moins méconnus ou comptés pour rien, voilà, je l'avoue, un coup qui m'a d'autant plus ébranlé que j'y étais moins préparé. L'amour-propre a donc eu son moment de faiblesse ; mais la raison a repris son empire : elle ne le perdra plus. Déjà même je considère les choses d'un autre œil, pour ne voir qu'une extrême sévérité dans ce qui me semblait d'abord une cruelle injure ; je me rappelle les traits sous lesquels, en faisant l'éloge d'Élie Vinet, j'ai peint un professeur vraiment digne de ce nom ; je regarde ensuite ce que je suis, et je souscris à l'arrêt. » Il se décida bientôt après à quitter l'Université (*). Il vint se fixer à Bordeaux où il épousa, en

(*) Il refusa le titre de Principal du collége de Sarlat, qu'on voulait lui offrir à titre de dédommagement.

1817 (*), madame veuve Pichevin, sa cousine, qui tenait un pensionnat de demoiselles. L'établissement prit alors un accroissement considérable. On se rappelle avec quelle supériorité cette institution fut dirigée par d'aussi habiles maîtres.

Jouannet appartenait depuis long-temps à l'Académie en qualité de Membre correspondant ; il en devint Membre résidant le 2 juillet 1818.

Les actes de cette savante société contiennent de nombreux travaux qui témoignent du profond savoir et du style si pur de cet estimable auteur.

Les articles de statistique contenus dans les annuaires du département de la Dordogne, publiés par M. Dupont, avaient acquis à Jouannet une réputation aussi honorable que méritée. Au mois d'août 1818, M. le Préfet de Bordeaux lui proposa de rédiger la *Statistique de la Gironde.* Sur les assurances qu'on lui donnait qu'il n'aurait qu'à vérifier et mettre au net de nombreux matériaux déjà recueillis, Jouannet demanda deux ans pour mener cette œuvre à fin. Les matériaux annoncés ne s'étant pas retrouvés, il ne s'agissait plus d'une simple rédaction, mais d'un travail immense. Il fallut ouvrir une correpondance avec les maires, leur adresser de volumineuses séries de questions. Bientôt il demeura convaincu que malgré le concours empressé qui lui était accordé, s'il ne visitait par lui-même le département, il ne le connaîtrait qu'imparfaitement. Il se mit à parcourir pendant plusieurs années, à pied, les divers cantons, et les notes recueillies lui fournirent les moyens de commencer l'ouvrage demandé. Quand il voyageait, la plus humble

---

(*) Ce fut à cette occasion qu'il composa la pièce de vers intitulée : *Un vieux Mari à sa Femme.*

chaumière avait pour lui le même attrait que l'hôtel le plus somptueux. Sobre, d'une humeur égale, toujours content, toujours occupé, chaque station devenait un cabinet de minéralogie, de géologie et d'antiquités. Son vaste savoir lui procurait toujours de nouvelles découvertes, et tous ceux qui l'approchaient étaient heureux de lui être agréables.

Les nombreuses occupations de Jouannet, la lenteur avec laquelle plusieurs répondaient à ses demandes, sa mince fortune qui ne lui permettait pas de consacrer tout son temps à une entreprise onéreuse, et par dessus tout la perfection qu'il désirait apporter à son œuvre ne lui permirent de publier les trois volumes de la *Statistique de la Gironde* qu'à de longs intervalles.

Jouannet se tenait éloigné des débats politiques. Dans une ouverture qui lui fut faite d'entrer dans la compagnie de censure, il répondit : « Je me connais ; je ne suis pas propre à ce travail que beaucoup d'autres trouveront facile. Étranger à la politique, obligé de ne déplaire à personne, parce que dans ma mauvaise fortune j'ai besoin de tout le monde, assez occupé d'ailleurs de l'opération difficile qui m'a été confiée (*), je ne pourrais apporter aux fonctions que l'on ne serait pas éloigné de me confier ni les talents, ni le calme, ni peut-être l'impassibilité qu'elles exigent. S'il s'agissait d'une censure littéraire, je ne saurais m'y refuser sans mauvaise volonté ; mais comme il importe peu que les journaux donnent quelques coups de canif à la grammaire, il m'est aisé de voir qu'il est question d'une censure politique ; or, oser accepter pareille mission, ce serait de ma part orgueil, témérité, folie. » Il refusa d'être censeur.

(*) La *Statistique de la Gironde.*

Toujours accessible, bon et expansif pour ses anciens élèves, ses paroles comme ses écrits contenaient des encouragements, des éloges même quand il les croyait mérités. Ses louanges étaient exemptes de flatterie, sa critique n'était jamais désobligeante. Un seul exemple suffira pour prouver ce que j'avance : c'est une lettre, ou un projet de lettre trouvé dans les papiers de Jouannet. Il s'adresse à une jeune demoiselle, auteur de charmantes poésies conronnées par l'Académie.

« Mademoiselle,

» Vous m'avez écrit de bien jolies choses et vous m'avez envoyé des vers plus jolis encore : tant de bienveillance, de grace et d'amabilité méritaient sans doute un remercîment ; il n'aurait même pas dû se faire attendre. Qu'aurez-vous donc pensé de ce silence ? Voilà quinze grands jours que je vous lis, que je vous admire, et je ne vous avais rien dit encore ! Vous me trouvez sans doute bien coupable. Plaignez-moi plutôt ; les affaires, des devoirs à remplir se sont disputé mon temps, ils ne m'ont laissé que les trop courts moments où j'ai pu lire vos lettres à Émilie. Pouvais-je quitter ces lettres charmantes quand vous me demandiez mon avis ?

» Vous désirez surtout connaître mon opinion sur l'épître dédicatoire. Elle me paraît très-bien. Je la trouverais peut-être un peu longue, s'il était possible de supprimer sans regret quelques-uns de ces jolis vers. Je vous félicite du bonheur avec lequel vous avez su profiter du petit nombre de remarques critiques qu'à une première lecture j'osai vous faire. Tout écrivain demande conseil ; le talent seul sait l'entendre. Je me reprochai presque d'avoir semé des épines sous vos pas, maintenant je m'en réjouis : vous les avez changées en fleurs.

» Si je ne craignais de vous ennuyer, Mademoiselle, je

louerais en détail tout ce qui m'a plu dans vos lettres à Émilie. La critique aussi aurait sa part, ne fut-ce que pour n'avoir pas l'air de vous aduler. J'aime mieux vous indiquer, en peu de mots, le choix que je ferais dans votre parterre et ce que je laisserais à d'autres.

» L'oranger, le laurier-rose surtout, la marguerite, la verveine, le pavot, le souci, le liseron, la pervenche, le bluet et peut-être l'anémone, voilà les fleurs dont je voudrais composer mon bouquet. Vous voyez, Mademoiselle, que je ne choisis pas. Les enfants gâtés de Flore, à l'exception de l'oranger, toutes ces fleurs ne brillent guère dans les bouquets ; vous avez sans doute voulu les venger de leur obscurité : on ne pouvait le faire avec plus de goût, de grâce, de délicatesse. Je ne sais ce que j'aurais dit à l'immortelle et au lilas ; votre relieur ayant supprimé la sixième feuille et m'ayant forcé de sauter malgré moi de la page soixante-quatre à la page quatre-vingt-un, je suis resté entre ce qu'il a bien voulu me laisser de l'oranger et les frais débris de la marguerite. Grondez-le bien ; c'est un vol qu'il m'a fait. Je le pardonnerais s'il n'eût supprimé que....; de toutes vos fleurs, ce sont les seules que je ne rougirais pas de laisser mourir sur pied. Pourquoi ? C'est qu'on n'y reconnaît pas la fraîcheur, la grâce soutenue, le ton délicat qui caractérisent tout ce que vous faites. Heureusement pour vous, Mademoiselle, votre goût, votre sensibilité, votre imagination à la fois riante et gracieuse vous préserveront de retomber jamais dans ce genre.... Pardonnez-moi de vous gronder.... Vous me trouverez sans doute bien sévère. Que voulez-vous ? il y a toujours queque chose de l'école chez les vieux professeurs. Nous ne nous fâchons jamais que contre les bons élèves ; l'intérêt véritable que nous prenons à leurs succès, à leur gloire, nous rend sans pitié.

» Qu'il m'est doux de trouver aux pieds de vos marguerites ces jolis vers : *Vallons délicieux..; Montagnes imposantes..*, et ceux-ci : *Salut fleur sauvage et charmante!* et la romance : *Tendre fleur*. Je ne cite que les premiers mots de ces différentes compositions, quand il faudrait les citer toutes entières. J'ai lu et relu avec le même plaisir, les stances qu'à propos de l'oranger vous adressez aux champs de la Provence ; ces autres stances plus régulières, qui commencent ainsi : *Vous dont l'ombrage protecteur..;* ce petit morceau pastoral : *Que jamais l'affreux bouton d'or...;* ce joli rêve que je trouve dans la cinquième lettre : *Dans les cieux déployant les aîles...* Il y a dans toutes ces pièces, et particulièrement peut-être dans la dernière, une fleur de poésie, une fraîcheur d'imagination, une vérité de sentiment qui m'ont fait le plus grand plaisir. »

D'une assiduité constante aux séances de l'Académie, l'un de ses rapporteurs les plus occupés, il se livrait à l'enseignement, continuait la *Statistique de la Gironde*, travaillait au *Musée d'Aquitaine* (*), fournissait à d'autres recueils des articles littéraires ou scientifiques, correspondait avec les principales sociétés savantes de la France et de l'étranger.

En 1830, la ville de Bordeaux eut l'heureuse idée de confier la conservation de sa belle et vaste bibliothèque à Jouannet (**). On ne pouvait placer ce dépôt en de meilleures mains. Il réunit à cette direction celle du cabinet des antiques. A soixante-cinq ans, cet infatigable savant obtenait du des-

(*) Voyez aussi la *Ruche d'Aquitaine*, le *Bulletin Polymatique*, le *Bulletin de la Dordogne*, etc.

(**) Voyez l'article de M. J. Delpit, dans le *Mémorial* du 19 décembre 1846.

tin la plus heureuse retraite qu'il pût ambitionner : logé dans le bâtiment où se trouvent la bibliothèque, les musées et les salles de l'Académie, on l'avait placé au centre de ses goûts, le calme n'abandonnerait pas sa vieillesse, et il lui était réservé de cueillir de nouvelles palmes.

L'Académie des Inscriptions et Belles-Lettres avait déjà distingué les travaux de cet écrivain en lui décernant un prix de statistique, lorsqu'en 1833 elle lui donna une nouvelle preuve de son estime en l'associant à ses travaux en qualité de Membre correspondant (*).

Dans l'espace de quarante années, plus de quinze autres sociétés françaises ou étrangères l'admirent dans leur sein (**).

Lorsqu'en 1839, la Commission des Monuments historiques de la Gironde fut instituée, Jouannet en devint un des Membres résidants les plus actifs et les plus distingués.

L'on est vraiment édifié quand on songe aux connaissances variées, aux immenses recherches qu'il a fallu pour traiter tant de sujets qui semblaient exiger le concours de plusieurs hommes, de plusieurs spécialités, si l'on considère surtout dans quel état se trouvaient certaines sciences quand Jouannet commença ses travaux de statistique. « Il réunissait des talents que certaines personnes croient encore incompatibles ; comme si la raison et l'imagination, loin de se nuire réciproquement, ne doivent pas au contraire mutuellement se servir de guide. » *(Éloge d'Élie Vinet.)*

(*) Les cartons de l'Institut doivent renfermer des travaux inédits de Jouannet.

(**) Il était membre de la Société d'Émulation commerciale, de la Société Linéenne de Bordeaux, de la Société d'Histoire naturelle de Paris, associé honoraire de la Société Philomati-

Il suffisait à Jouannet de vouloir pour apprendre et pour enseigner. Qu'il écrivit sur la Géologie (*), la minéralogie, l'agriculture, les antiquités, c'était toujours même élégance, même pureté de style. Pour en donner une juste idée, il faudrait dépasser les bornes que j'ai dû me prescrire (**).

---

que de Bordeaux, membre de la Société des Antiquaires d'Édimbourg, de la Société des Antiquaires de Normandie, de la Société Géologique de France, de l'Institution de correspondance archéologique de Rome, de la Société d'archéologie de Saintes, de la Société d'Horticulture de la Gironde, membre du Congrès scientifique de France, etc., etc.

(*) Un des Membres de l'Académie, M. Charles Desmoulins a donné le nom de jouannétie *(jouannetia)* à une coquille découverte dans les environs de Bordeaux. On lit dans le *Manuel* de M. Sander-Rang, page trois cent quarante-six : « C'est une jolie découverte que celle de la jouannétie, que M. Ch. Desmoulins a dédiée à si juste titre au savant modeste à qui la science doit de si beaux travaux sur la géologie et sur les antiquités du département de la Gironde qu'il habite. Quand des dédicaces de ce genre sont justifiées par autant de titres, il n'est pas douteux qu'on ne s'empresse de les consacrer comme un hommage justement mérité. »

(**) Qu'il me soit permis de citer quelques pages détachées, par exemple celles où il décrit l'aspect géologique du Sarladais :

« Aussi long-temps que les mers dominèrent tout le pays, leur action destructive sur le sol dut être peu sensible : elles déposaient et ne bouleversaient pas ; mais au moment de leur fuite, et surtout quand le niveau fut abaissé au-dessous des collines plus élevées, les eaux, contrariées dans leur course,

Si nous envisageons Jouannet comme antiquaire, nous le voyons possédant parfaitement les langues anciennes, connaissant les défférents styles d'architecture et leurs caractères distinctifs, dessinant l'antique, déchiffrant les inscriptions, les médailles, appréciant sainement les types sous les rapports historiques et artistiques. Voyez comment il définissait

---

dûrent ou emporter en partie ces obstacles, ou refoulées sur elles-mêmes, éprouver des reflux terribles, dont l'esprit de l'homme oserait à peine calculer la puissance. Cependant elles continuaient de s'écouler, de nouveaux sommets se découvraient successivement et leur opposaient de nouveaux obstacles; de là de nouveaux courans plus impétueux encore comme s'exerçant dans des espaces plus resserrés. Les déchirements, les bouleversements se multiplièrent et s'accrurent. Brisées en tous sens par tant de chocs et d'impulsions contraires, les ondes furent agitées jusque dans leurs abymes. Elles sillonnèrent profondément le sol qui les portait; elles broyèrent, mêlèrent, confondirent et les débris qu'elles chariaient et ceux du fond, jusqu'à ce qu'enfin elles restèrent emprisonnées dans la place qu'elles occupent maintenant : le calme se rétablit. Alors apparut dans toute son horreur une région nue, désolée, sans végétation, sans vie, une plage fangeuse encore, déchirée de toutes parts, hérissée de plateaux, de collines, de mamelons de toutes les hauteurs, de toutes les formes : déplorable composé des ruines de l'ancienne terre et des débris de la nature vivante. Dans la suite des âges, la main de l'Éternel cacha, sous la verdure des plantes et des forêts, l'ouvrage de sa colère et l'affreuse image de la destruction. Les vents et le soleil asséchèrent les lacs, les marais, restes de l'inondation générale, et la

en quelques mots l'étude des monuments et son utilité : « C'est à elle que nos artistes en tout genre doivent ces heureuses proportions, ces formes élégantes et gracieuses, ce goût pur et sévère que l'on admire dans leurs meilleurs ouvrages. En un mot, les monuments antiques ont été et seront long-temps encore nos maîtres et nos modèles. Les sciences ne leur sont pas moins redevables que les arts. Sans

---

terre prit à-peu-près la forme que nous lui voyons aujourd'hui. (*Statistique de l'arrondissement de Sarlat*, 1817, page 192.)

.... » Enfin le sol lui-même est composé de collines inégales, dont plusieurs isolées, terminées en pain de sucre et chargées de principes métalliques, sont éminemment propres à provoquer les phénomènes électriques ; de là ces grêles meurtrières, ces trombes désastreuses, ces ouragans destructeurs qui désolent si fréquemment les campagnes du Sarladais. Partout où passent ces terribles météores, des bois entiers de noyers et de châtaigners sont arrachés et dispersés, les vignobles détruits ou frappés de stérilité pour plusieurs années, les moissons enlevées ou enfouies au point de ne pas laisser de traces, et pour surcroît de maux, d'impétueux torrents, auxquels rien ne résiste, se précipitant avec fracas du haut des coteaux, emportent dans leur course les terres, les sables, les arbres et les rochers eux-mêmes. De nouvelles gorges se creusent, les collines perdent le peu qui leur restait de fertilité et des vallons, jusqu'alors cultivés disparaissent sous les débris des sommités voisines. Des siècles s'écouleront avant que les ravages d'une heure, de quelques minutes puissent être réparés. » (Même statistique, page 148.)

ces précieux restes de l'antiquité, sans ces inscriptions qu'ils nous ont conservées, l'Histoire nous offrirait un plus grand nombre d'epoques douteuses, beaucoup de passages chez les anciens auteurs seraient encore pour nous autant d'énigmes, et nous ignorerions en partie les usages, le mœurs, le culte et les lois des peuples qui nous ont précédés (*). »

Si quelques critiques ont attaqué les travaux de Jouannet en ce qui touche les monuments du moyen-âge, ils se sont empressés de reconnaître que ses erreurs remontaient à une époque où la science archéologique était pour ainsi dire à sa naissance à l'égard du moyen-âge. Tout ce qui n'était ni grec ni romain était alors généralement et improprement appelé gothique. Lors donc que Jouannet disait en parlant des églises chrétiennes : « Si, en introduisant dans nos temples ces monstres dégoûtants, ces têtes hideuses séparées du tronc, les Goths voulurent perpétuer les souvenirs de leurs odieux triomphes et de la terreur qu'ils inspiraient : leur succès a été complet. » En parlant ainsi, il savait néanmoins combien les monuments du style même le plus barbare sont intéressants pour l'histoire. S'il les repoussait sous le rapport de l'art, il ne gémissait pas moins quand il voyait mutiler ces vénérables témoins du passé ; aussi s'écriait-il en parlant de l'église de Bazas : « Les enfants du lieu mutilent à coups de pierres les personnages sculptés sous ces arcades, et nul oiseau ne peut impunément y cacher ses petits sous l'aile d'un ange ou sous la palme d'un martyr (**). »

Le dernier travail archéologique entrepris par Jouannet

(*) Voyez la notice sur quelques monuments antiques d'Aiguillon.

(**) Voir la notice sur la cathédrale de Bazas.

devait renfermer les inscriptions gallo-romaines connues jusqu'à ce moment et découvertes à Bordeaux.

Bien que des indices certains ne lui laissassent aucun doute sur sa fin prochaine (il avait alors près de quatre-vingts ans), il s'occupa dans les vacances de 1844, de faire estamper sur des feuilles de papier humide ces précieux débris.

Dans une savante dissertation, Jouannet aurait expliqué des abréviations presque indéchiffrables. Il voulait indiquer les époques et les lieux des découvertes de ces monuments, leur forme, leur état de conservation, les objets qui s'y trouvent représentés. S'il avait eu quelques doutes, il se serait empressé de les signaler. Il aurait discuté les opinions des auteurs qui ont écrit avant lui sur quelques-uns de ces monuments. Vinet, Delurbe, Venuti, Gruter, Dom-Devienne et autres auraient été soigneusement analysés.

Jouannet nous aurait fait connaître les noms gaulois, latinisés pour la plupart, qui se trouvent sur un grand nombre de cippes funéraires. Il nous aurait appris que le nom de Saturninus est après ceux de Cintugenes, de Divixta, de Secunda, celui qui se présente le plus fréquemment sur nos cippes gallo-romains ; il nous aurait fait remarquer les lettres liées dont l'emploi fréquent sur les monuments du temps des Gordiens, se retrouve sur quelques-uns de ces tombeaux. Il nous aurait parlé, en passant, du mot *Boias* ou *Voias*, comme étant le nom antique d'une peuplade voisine du bassin d'Arcachon, sur laquelle d'ailleurs on débite encore tant de fables. Jouannet n'aurait point oublié de nous entretenir spécialement des inscriptions relatives aux Bitturiges-vivisques ; de celle qui nous apprend que le peintre Calenus érigea un autel funèbre aux dieux mânes, ou bien que si Pictor est un nom propre, Calenus, nom latinisé, est celui du mort, et Pictor celui de l'auteur de l'épitaphe. Jouannet nous aurait rappelé que selon l'usage, l'affranchi, l'esclave même prenaient le nom de leur maître, ainsi que l'atteste l'inscription de *Siora Censorina.* Il nous aurait dit que la dame romaine Gracilis éleva un monument à son esclave Samo ; que Cresons, esclave de Flavinus, en éleva un aux manes de son frère Martin, qui portait aussi le nom de Sévère, probablement celui de son maître, encore suivant l'usage ; que le nom de Julia Paulina devait nous rappeler celui d'un élève et d'un ami d'Ausone, de saint Paulin, évèque de Nole ; que celui de la famille Amabilis se recommande par le souvenir du sculpteur Amabilis, dont l'épitaphe fut retrouvée en 1836.

Notre archéologue aurait encore attiré notre attention sur l'inscription si touchante : *Aeternae memoriae, maritus cum gemitu posuit.* Il n'est pas jusqu'au cippe élevé au petit Gaulois GVLLENI, mort à l'âge de deux ans, qui n'eut excité notre intérêt.

Dans ce travail, s'il eût eu le temps de l'achever, Jouannet aurait décrit les ornements symboliques placés sur les monuments qu'il interprétait si bien. Il nous aurait dit que la feuille de lierre, que l'image de la lune indiquent la nuit du tombeau et se trouvent fréquemment accompagnées des lettres D. M. (Diis manibus) ; que s'il existe une ouverture longitudinale pratiquée au milieu de quelques inscriptious, elle communique à l'intérieur du cippe, creusé pour recevoir et laisser passer jusqu'à l'urne les libations et les offrandes des survivants. Il nous aurait fait remarquer que plusieurs cippes gallo-romains étaient, dès l'origine, peints en rouge, surtout lorsque la pierre était tendre. Il nous aurait donné quelques inscriptions détruites ou perdues, notamment celle d'un cippe découvert dans les fouilles de 1828, relative à Caïus Julius Florus, etc. Mais nos regrets ne doivent point aller jusqu'au découragement. Nous nous sommes associés aux paroles de M. Gautier lorsqu'il fit entendre au sein de l'Académie un vœu qui nous est cher : « Un homme d'un mérite reconnu (*) accomplira la tâche commencée par un homme d'un grand talent, et les amis de la science n'auront rien perdu ; car, dans notre heureuse patrie, l'œuvre du savant qui s'éteint est aussitôt reprise par un autre savant plein de force, de poésie et de dévouement, et le progrès suit sa voie sans jamais s'arrêter. »

Tous ceux qui ont lu les discours académiques de Jouannet connaisssent les éloges de M. de Tourny (**), du cardinal de Sourdis, d'Élie Vinet, de Combes, de Saint-Marc, de Teulère, de Mazois (***), de Saint-Amand et de Brard (****).

(*) M. Rabanis, directeur du musée des antiques de Bordeaux, etc., etc.

(**) En 1825, Jouannet voulait donner une deuxième édition de l'éloge de M. de Tourny. Ayant égaré la planche sur laquelle était gravé le portrait, il fit lithographier le dessin original. L'autorité ayant manifesté le désir que Jouannet fît quelques changements à son travail, il s'y refusa et préféra renoncer à son projet. Que ferez-vous cependant, lui disait-on, de tous ces portraits lithographiés ? Il répondit : J'en tapisserai un cabinet de réflexions.

(***) Mort en 1827, environ un an après son fils, l'auteur des *Ruines de Pompëi*.

(****) Brard et Jouannet firent ensemble plusieurs voyages scientifiques dans le département de la Gironde et de la Dordogne. Dans le *Voyage de deux Anglais*, Jouannet décrit ainsi l'aspect de Bordeaux, le matin, au moment du départ :

« Au lever de l'aurore, nous étions déjà sur la rive droite

Si nous ouvrions les discours couronnés par l'Académie, nous verrions, dans l'éloge de M. de Tourny, comment l'auteur nous peint à grands traits les devoirs d'un homme appelé à remplir des fonctions aussi importantes que celles d'intendant de la Guyenne. « Nous trouverions l'homme d'État embrassant, d'un seul coup-d'œil, l'administration, le commerce, l'agriculture, les finances, la police et les tribunaux; réparant les maux causés par ses prédécesseurs et par les crises de la nature, réunissant tout ce qu'il faut de talents et de vertus pour exercer le pouvoir sans opprimer, inspirer le respect sans inspirer la crainte, être grand sans orgueil, juste sans rigueur et bon sans faiblesse. »

Si de l'éloge de M. de Tourny nous passions à celui du cardinal de Sourdis, avec quelle pureté de sentiments et de piété l'orateur nous ferait envisager l'entrée dans la carrière d'un apôtre, d'un bienfaiteur de l'humanité. Il nous dirait : « qu'il en fut du cours de sa vie comme du cours de ces

---

de la Garonne, à la tête de ce beau pont que les Bordelais ont raison d'appeler le monument du siècle. Nous nous arrêtâmes pour jetter un dernier regard sur la ville. Qu'elle nous parut belle, éclairée par les premiers feux du jour. Ce large fleuve teint de la pourpre du ciel, cette forêt de mâts, dont l'immobilité rappelait encore le repos de la nuit; ce grand arc d'édifices réguliers, dont les innombrables vitraux réfléchissaient tout l'éclat de l'aurore; partout, le long du rivage, d'élégantes maisons, les monuments du luxe mêlés aux utiles constructions du commerce; enfin, entre les deux rives, ce pont magnifique qui les unit, et se termine du côté de la ville par un grand arc de triomphe. »

fleuves, dont la richesse et la magnificence vont toujours en croissant jusqu'à cette mer qui les appelle tous, et dans laquelle tous finissent par se perdre et se confondre. »

Je ne reviendrai pas sur l'éloge d'Élie Vinet ; ce que j'en ai rapporté parle plus haut que mes faibles paroles. Les bornes que je me suis tracées ne me permettent point de faire de citations prises dans les autres discours que j'ai énumérés.

Jouannet, ainsi qu'il le disait d'Élie Vinet, n'était point un de ces savants de l'ancien temps, que l'on se représente chargé de savoir, tout hérissé de grec et de latin, enfoncé, enseveli dans l'étude ; mais propre au doux commerce de la vie. Jouannet fut poète gracieux, aimable, plein de sentiments tendres et généreux. Il n'ambitionna point d'entreprendre dans ce genre aucun travail de longue haleine. S'il fit de jolis vers, ce furent autant de fleurs qu'il répandit sur le sentier de sa vie.

Parmi une cinquantaine de poesies (*), nous remarquons particulierement *l'Abeille et le Serpent* (imitation du *Culex*), le *Papillon voyageur, Mes quarante ans, Hyménée* ou *Chant nuptial*, *Un vieux Mari à sa Femme*, etc.

Jouannet aimait passionnément les fleurs, les roses surtout qu'il a chantées dans plusieurs de ses poésies. Voyez dans *l'Abeille et le Serpent,* comme il nous dépeint le moment où le berger, de retour au rivage, retrouve l'insecte généreux près du reptile étendu dans la plaine :

(*) M. L. de Lamothe, secrétaire-général actuel de l'Académie, a donné, à la suite d'une savante et intéressante notice, le catalogue très détaillé des ouvrages de Jouannet. Voyez aussi la *Table méthodique des publications de l'Académie,* par le même auteur.

» Puis il confie à deux feuilles de rose
Ce faible corps, objet d'un si grand deuil,
Et sous les fleurs, dans le sable il dépose
La pauvre abeille et son léger cercueil. »

L'on ne saurait être plus gracieux, plus poétique, plus sentimental.

Parlant d'un papillon qui veut tenter de longs voyages :

« Il vit (le papillon) une feuille de rose
Que dans son cours l'onde entraînait, »

Il en fait sa nacelle, et le poète ajoute,

« Et la nacelle parfumée
Reçut l'imprudent voyageur.
Là, bien posé, l'aile dressée,
Au hazard il voguait sur l'eau,
Suçant les perles de rosée
Dont brillait encor son bateau.

L'argonaute aux cent couleurs, las d'être immobile, quitte la nef :

« Va, vient, revient et rentre à bord. »

D'un coup de vent la barque est chavirée. Vainement le papillon lutte contre le sort. son aile humide ne peut le sauver. il périt. Le flot le jette sur le rivage. Un pêcheur le recueillit et écrivit ces mots sur le sable :

« Beaux papillons de nos rivages,
Vivez où Dieu marqua vos jours.
Pour nous, hélas ! sont les voyages ;
Pous vous, les fleurs et les amours.

Quelle aimable et douce philosophie ! Elle se révèle encore dans le passage suivant (*).

(*) *Mes quarante ans.*

« Sous les premiers feux de l'aurore
Tout s'anime ; tout s'embellit ;
Dans la nature tout sourit
A la rose qui vient d'éclore :
Douce image de mes vingt ans !
Mais à midi, déjà flétrie,
La jeune reine du printemps
Perd son éclat et ses amans :
Comme elle, au milieu de ma vie,
Je dois tout perdre à quarante ans !

En s'adressant à ses amis de collége, Jouannet leur disait :

Sur nous le Ciel, comme en notre jeunesse,
N'étend-il pas son pavillon d'azur ?
Pour nous la terre est-elle sans richesse,
Le jour moins beau, l'air du matin moins pur ?
Pour nous le sein des roses parfumées
A-t-il perdu son éclat, sa fraicheur ?
Et de nectar nos coupes embaumées
N'ont-elles plus leur antique saveur ? »

L'une des poésies les plus remarquables du même auteur est intitulée *Hyménée* ou *Chant nuptial*. Tout est d'une suavité parfaite. En voici quelques vers détachés :

» Jeunes filles, cueillez des roses,
Parures d'un front virginal ;
Dérobez-les, à peine écloses,
Aux baisers du vent matinal.
Dévancez le zèphyr volage :
La couronne de la pudeur
Doit à la fois être une image
Et d'innocence et de fraîcheur.

. . . .

En rougissant, la vierge émue

Sourit aux vœux de son amant,
Et vers lui sa bouche ingénue
Laisse échapper même serment.

. . . .

Dans tous les yeux le plaisir brille,
Tous les convives sont amis,
Le père ici conduit sa fille,
La mère y sourit à ses fils,
Et de leurs mains entrelacées,
L'aïeul empruntant le secours,
Le cœur plein de jeunes pensées,
S'assied au banquet des amours. »

Le soir, la mère conduit sa fille dans la chambre nuptiale, ses compagnes vont se retirer, le poète leur dit :

« Retirez-vous, beautés modestes,
Cessez vos chants, amants discrets,
Hymen promet ses dons célestes
A qui respecte ses secrets.
Ami du mystère et de l'ombre,
Il craint les regards curieux ;
C'est pour hymen que la nuit sombre
Étend son voile dans les cieux. »

Terminons cette rapide analyse par quelques vers extraits de la pièce intitulée : *Un vieux Mari à sa femme*. Ceux qui assistaient à la séance publique de l'Académie, le 4 décembre 1845, se rappellent que, par deux fois, les applaudissements de l'assemblée interrompirent la lecture de ces vers, si bien sentis, si bien rendus par l'orateur qui prononçait l'éloge de Jouannet (*).

(*) M. Gautier aîné.

« Qu'importe que le temps, dont la marche nous presse,
Nous ait ravi l'enfance et plus tard la jeunesse ?
Qu'importe que tout cède à sa verge de fer ?
L'automne est-il sans fruits bien qu'il touche à l'hiver ?
Et ce cruel hiver, quand le nord nous oublie,
N'a-t-il pas ses plaisirs et ses jours de folie ?
Rien ne peut arrêter la course des saisons ;
Mais à toutes le ciel a prodigué ses dons :
Il nous combla de biens en nous comblant d'années.
Mettant donc à profit nos dernières journées,
Sans donner au passé d'inutiles regrets,
Sentons le prix des ans, ne les comptons jamais. »

Dans une séance tenue à Saintes en 1844, la Société française pour la conservation des monuments historiques déposa sur la tête octogénaire de cet aimable vieillard la dernière couronne qu'il devait recevoir (*).

L'ensemble de la vie de Jouannet nous le montre comme un de ces hommes heureusement doués, auxquels la providence accorde les facultés les plus diverses.

Après tout ce que je viens de raconter, l'on peut sans exagération, dire qu'il ne lui manqua que de vivre plus heureux dans les premiers temps de sa vie pour devenir un des savants les plus remarquables de notre époque.

Nul n'apportait plus d'aménité dans ses relations, nul n'était d'un commerce plus sûr. Constamment occupé, Jouannet n'en conservait pas moins toute la vigueur de son esprit, toute sa lucidité. Il projettait de nouveaux voyages bien que, depuis quelques années, il se sentit atteint d'une

---

(*) Voyez la notice déjà citée de M. L. de Lamothe, page 44.

maladie cruelle qu'il cachait avec soin à ses nombreux amis. Il redoutait qu'on ne le détourna des travaux assidus auxquels il se livrait ; mais ses forces étaient épuisées, et parmi les ouvrages dont l'élaboration active et continuelle a le plus contribué à aggraver son mal, il faut mettre en première ligne la *Statistique de la Gironde*, chef-dœuvre de savoir, de méthode et de clarté (*).

A la dernière séance de l'Académie, à laquelle il assista (dans l'hiver de 1845), Jouannet réunit tout ce qui lui restait de vie et de dévouement pour lire un lumineux rapport sur un mémoire présenté par un de ses anciens élèves (**), Il ne put continuer cette lecture qui fut achevée par M. Lemonnier.

Aucune vie ne fut mieux remplie, aucun homme n'apportait plus de zèle et de conscience dans l'accomplissement de ses devoirs. L'on connaît tout son dévouement pour la conservation, la classification (***) de la belle et vaste bibliothèque de Bordeaux. Trois jours avant sa mort, il voulut encore se rendre dans ce dépôt des merveilles de l'esprit humain ; mais la nature ; mais l'impitoyable destin avaient marqué le terme d'une vie aussi précieuse : il fallut se résigner au repos.

Le 18 avril 1845 fut le dernier jour de cet homme

(*) *Statistique du département de la Gironde*, trois volumes in-4°., publiés en 1837, 1839, 1843.

(**) Statistique de la commune de Hure, arrondissement de La Réole.

(***) Voyez les catalogues imprimés de la bibliothèque de Bordeaux, et l'article inséré par M. J. Delpit, dans le *Mémorial Bordelais* du 19 décembre 1846.

éminent. Tout ce que Bordeaux renferme de distingué dans les sciences, dans les lettres et dans les arts se joignit au corps entier de l'Académie pour lui rendre les derniers devoirs.

Les journaux ont raconté la touchante cérémonie funèbre qui eut lieu à Saint Dominique, sa paroisse. Son corps fut porté ensuite à la Chartreuse. Pendant que le cortége suivait les longues allées de ce vaste cimetière, il semblait, en passant devant le remarquable tombeau dont le plan et les dessins sont de Mazois, que l'on eût compris qu'en prenant cette direction, l'ombre de Jouannet serait heureuse de saluer pour la dernière fois le monument qui recèle le cœur du général républicain qui fut son compatriote et son ami d'enfance. On s'arrêta devant le caveau destiné à recevoir la dépouille mortelle de Jouannet. A ce moment, l'un de ses anciens élèves, M. Valade Gabel, président de l'Académie, prononça un remarquable discours. Avec quelle religieuse attention les autres disciples de Jouannet, qui assistaient à cette triste cérémonie, écoutaient l'éloquent interprète de la douleur générale, lorsque, d'une voix émue, il prononça ces paroles qui répondaient si bien à leurs sentiments : « Je me fais garant des hommes de mon âge qui, à Sarlat et à Périgueux, eurent le bonheur de faire sous un si digne maître leurs humanités ; tous le pleureront, comme je le pleure, avec les larmes du cœur, car tous ont aimé comme moi sa douce philosophie, ses sages conseils, la grace et l'aménité de son esprit. »

Des décharges d'armes se firent entendre : c'étaient les soldats qui rendaient les derniers honneurs funèbres à Jouannet, décoré comme savant depuis le 1er. mai 1831.

La perte de Jouannet est immense pour la science ; elle sera éternelle pour ses amis. Il s'éteignit dans des souffrances que la bonté de son cœur aurait voulu lui faire cacher encore à ses enfants d'adoption (*), à ceux qui lui rendaient les soins de la plus touchante piété filiale.

D'autres ont écrit ou écriront sa vie avec plus d'éloquence et de savoir ; pour moi, j'ai voulu simplement, dans une notice biographique, payer ma part de reconnaissance, rappeler de précieux souvenirs, relever quelques erreurs et concourir à faire connaître l'homme remarquable qu'a perdu l'Académie. « Ses écrits, ses talents, les services qu'il rendit à son pays seront pour ses amis, comme il le disait en parlant d'un de ses collègues (**), un doux sujet d'entretien, et l'imitation des exemples qu'il a laissés comme savant, comme écrivain, comme excellent citoyen, deviendra son plus bel éloge. »

(*) La famille Pichevin, qui a bien voulu me communiquer plusieurs renseignements importants sur la vie et les travaux de Jouannet. Je suis heureux de lui en témoigner ici ma profonde gratitude.

(**) Voyez l'éloge de M. de Saint-Amans, inséré au *Recueil Académique de 1832*.